ASÍ, EN FAMILIA

CUSCURRIA ES UN PUNTITO MÁS DEL MONTÓN, ese montón tan grande que ahí afuera la hace sentir tan minúscula... Pero ella tiene un secreto maravilloso que quiere compartir contigo y contarte cómo es capaz de hacerse gigante y ser poderosa. ¿Quieres descubrirlo?

VALORES IMPLÍCITOS

Hay millones de familias distintas, pero todas tienen algo en común, y es que son nuestra principal fuente emocional, donde se forjan los valores, la autoestima y el cariño, y donde crecemos como personas y podemos ser nosotros mismos.

ASÍ, EN FAMILIA

Sara Gómez Portugal

Ilustrado por
Bárbara González Rojas

A todos aquellos que algún
día se han sentido minúsculos.

Hola, soy Cuscurria, ¿me ves? Estoy ahí... ¿No me ves? Busca bien... Soy ese punto rosa, con pelo rizado y ojos marrones, junto al punto azul y naranja.

¿No me ves?, ¿te ayudo?

Estoy camuflada entre millones de personas. Soy una más, un puntito más... ¿O tal vez no?

¿Te cuento un secreto?

Cada puntito es diferente, ¿por qué es diferente? Piensa…

Si cada uno tiene un color y unos rasgos diferentes, unos sienten de color rosa; otros, de color azul; otros sienten en amarillo, e incluso hay algunos que sienten de color rojo... Pero el verdadero secreto es que no importa con qué color sientas (yo hay días que cambio de color), porque el verdadero secreto es el «don». ¿No sabes lo que es? Bien, te lo explicaré con mi familia...

Ternura

Tristeza

Enfado

Alegría

Primero te los voy a presentar. Vuelve a la primera página y busca a mi papá, él es de color rojo con bigote y barba, y una gran sonrisa perfecta.

Mi mamá es de color melocotón, con pelo largo y gafas. La vas a encontrar rápido porque lleva un gran corazón en el pecho.

Cacahuete, mi hermana mayor, es amarilla, con el pelo largo y una sonrisa. A ella la ilumina el sol y, sobre todo, la magia.

Mi tato Pirulín tiene el pelo enmarañado con su moto, casi sin dientes y ojos negros. Él es de color azul.

Y por último, princesita... Cuenta la leyenda
que no nació de la barriguita de mamá.

La gente dice que es hermana de acogida, pero para mí es mi hermana de verdad, incluso tiene parecido a mamá. Ella es de color verde con gafas...

Ya conoces a mi familia. Y la tuya, ¿cómo es y en qué color piensan?

Grita bien alto el nombre de cada uno con el buen don que tengan, pero bien alto, que lo oigan todos los puntitos de todos los colores del mundo.

¿No sabes qué don tienen? ¿Te cuento el nuestro? Estate muy atento... Te encantará.

INCLUSIÓN
ESCUCHAR
Cariño
HONESTIDAD
empatía
ESPERANZA
AMOR
MAGIA
GRATITUD
Ternura
CONSTANCIA
Valentía
Respeto
Fortaleza
Superación
Orgullo
CALMA
Sabiduría

Cacahuete tiene el don «luminoso», ella es brillo, regala luz al mundo, su mirada es como respirar aire puro en una montaña, su cara transmite paz, calma, como ver dormir a un bebé. Su sonrisa es lo único que necesito para encontrarme bien tras un chichón. Su mano es ternura, y su cerebro, sabiduría…

Pirulín tiene el don de la «sensibilidad», él es como un bizcocho casero recién salido del horno. Su piel es como acariciar a un cachorro, y su mirada profunda es misteriosa, como una cueva fresquita en verano... Regala ternura estando a su lado.

Princesita tiene el don de la «adaptación». Es feliz a pesar de llevar una infancia diferente, su sonrisa transmite superación; sus palabras, madurez; y su mirada, lucha. Es una guerrera poderosa.

Papá tiene el don de la «constancia». Es trabajador y un manitas; a todo le dedica tiempo y le queda todo genial, nos enseña a colaborar en casa, y esconde el dedo mágico de las cosquillas que tanto nos gusta…

Mamá es mágica; su don es el de la «creatividad», es imposible aburrirse con ella porque todo lo convierte en magia y diversión. Ella, con solo mirarnos, sabe qué nos duele y cómo calmarlo. Sus abrazos y mimos saben a helado de vainilla.

Y yo tengo el don del «t-rex»; sé mucho de dinos, animales, árboles y banderas. Invento historias increíbles; mis rizos transmiten locura; mi sonrisa, aventura, y mi inquietud ansía explorar y crear...

Fuera de casa, cada uno por su lado, todos tenemos miedos e inseguridades, nos hacemos pequeñitos, nos encogemos porque nos cuesta entender lo que sentimos...

Pero al llegar a casa y abrir la puerta…, nuestros pulmones se hinchan de aire, aparece una gran sonrisa en nuestra cara, nuestros hombros se relajan…

Nuestros ojos se cierran un instante para poder percibir los olores y sensaciones de nuestra cueva, nuestro hogar, nuestro refugio, donde nosotros y solo nosotros podemos juntar nuestros cuerpos en un superabrazo en familia, donde se juntan nuestros dones y generamos un superpoder en familia: «la creación de la autoestima».

Solo podemos decirnos cosas maravillosas entre nosotros, sonreírnos, escucharnos, comprendernos, reírnos, querernos, besarnos y sentirnos orgullosos.

Y con ese ritual, «¡¡BOOOM!!», nos sube algo extraño desde los pies hasta la cabeza, como un calambre pero chulo, llega como una explosión ahí, en ese momento... Y solo en ese momento nos hacemos grandes, enormes, gigantes... Casi no cabemos en casa, de lo grandes que nos volvemos; nuestro pecho se hincha como un pavo.

Ya no somos pequeños como en la calle o en el cole o en el trabajo… En casa, junto a la familia y el ritual, nos volvemos poderosos, únicos, a salvo de miedos e inseguridades.

El truco es repetir el ritual cada día, y así, «¡¡BOOOM!!», milagro, cada día creces un poquito más en autoestima, y salimos a la calle con fuerza para hacer desaparecer todo lo que nos hace sentir mal. Así…, en familia.

Así, en familia

© del texto: Sara Gómez Portugal
© de las ilustraciones: Bárbara Andrea González Rojas
© del diseño y corrección: Equipo BABIDI-BÚ

© de esta edición:
Editorial BABIDI-BÚ, 2024
Avda. San Francisco Javier, 9, 6ª, 23
Edificio Sevilla 2
41018 - SEVILLA
Tlfn: 912.665.684
info@babidibulibros.com
www.babidibulibros.com

Impreso en España
Primera edición: diciembre, 2024

ISBN: 979-13-87558-08-6
Depósito Legal: SE 2447-2024